AF258142

NOTE

SUR L'ÉVÊQUE DE PARIS

HUGUES DE BESANÇON,

PAR A. CASTAN,

SECRÉTAIRE DE LA SOCIÉTÉ D'ÉMULATION DU DOUBS,
CORRESPONDANT DU MINISTÈRE DE L'INSTRUCTION PUBLIQUE POUR LES TRAVAUX HISTORIQUES.

Dans son admirable Discours sur l'état des lettres en France au
xiv° siècle, M. Victor Le Clerc n'a mentionné l'évêque Hugues de
Besançon qu'à propos d'une violente querelle qu'eut ce prélat avec
l'Université de Paris. L'éminent écrivain ne pouvait soupçonner
qu'il restât le moindre vestige du style de ce personnage, assez
érudit cependant pour avoir conquis dans sa jeunesse le grade de
docteur en droit canon. Le hasard nous ayant mis sous les yeux
une longue épître émanée de lui, nous croyons utile de publier
ce monument, et partons de là pour dévoiler (ce que personne
n'a fait encore) les véritables causes de cette grande fortune plé-
béienne.

I

A l'époque où naquit Hugues de Besançon, le principe des na-
tionalités commençait à poindre dans le droit public de l'Europe.
Philippe le Bel, qui, pour la France du moyen âge, en était la
première incarnation, possédait au plus haut degré les qualités
qui faisaient autrefois les grands politiques : la patience, la ruse et
le mépris des hommes. Ce fut avec ces armes qu'il entreprit la
conquête de la Franche-Comté, pays qui relevait de la couronne
germanique, et qui, par le fait, créait une porte ouverte à l'étran-
ger dans la frontière orientale de la France. Le caractère du prince

qui régissait alors le comté de Bourgogne devait favoriser singu
lièrement cette tentative.

Othon IV avait reçu de sa mère Alix une province désorganisée
et couverte de ruines. Le peuple des campagnes, décimé par les
pestes, épuisé par les guerres, aimait mieux abandonner ses champs
que d'en payer les impôts; les bourgeois, organisés partout en com-
munes, composaient hardiment avec le fisc; les seigneurs, barri-
cadés dans leurs innombrables châteaux forts, n'apportaient au
comte qu'un stérile hommage; enfin les ressources du domaine
privé avaient été presque totalement taries par les fondations pieuses
des prédécesseurs d'Othon. Celui-ci n'était pas homme à dominer
un tel état de choses.

Tête faible, mais âme loyale; esprit frivole, mais cœur géné
reux; imagination vagabonde, mais tempérament vigoureux et fait
pour braver les hasards de la guerre, Othon IV portait en lui toutes
les passions, bonnes et mauvaises, de la vieille chevalerie française. Un siècle plus tôt, il eût été le héros d'une croisade, et les
trouvères auraient à l'envi célébré ses prouesses : au temps où il
vivait, il ne pouvait laisser de lui d'autre image que celle de l'oi-
seau qui tombe fasciné dans la gueule du serpent. Ayant à opter
entre les cajoleries des deux plus puissants monarques du monde,
l'empereur d'Allemagne et le roi de France, Othon inclina du côté
où son goût pour le faste et son humeur belliqueuse trouvaient la
plus grande somme de satisfaction. Dès 1283, sans autre but que
de chercher les aventures, on l'avait vu dépenser des sommes folles
pour concourir, sous les bannières fleurdelisées, à la vengeance
des Vêpres siciliennes. Philippe le Bel, qui n'était encore que prince
héréditaire, avait pu l'étudier de près, gagner son amitié, cor-
rompre sa parenté et glisser bon nombre d'affidés dans son entourage. Devenu roi, il l'attira le plus possible à sa cour, stimu-
lant à tout propos sa vanité et lui fournissant de la sorte mille
occasions de s'endetter. Un second mariage qu'il lui avait fait con-
tracter, en 1285, avec la fille unique du comte d'Artois, le ren-
dait d'ailleurs l'allié de tous les grands vassaux de la couronne de
France. Pour précipiter le dénoûment, il fallait une crise : Philippe le Bel sut la faire arriver à point, en poussant Othon IV à

entrer dans une ligue formée par les comtes de Montbéliard et de Ferrette contre l'évêque de Bâle et son protecteur Rodolphe de Habsbourg. L'aristocratie comtoise, et à sa tête Jean de Chalon, beau-frère de l'empereur d'Allemagne, fut presque unanime à refuser de suivre son chef immédiat; elle considérait à bon droit cette lutte comme une atteinte au plus sacré des devoirs féodaux. Othon, réduit à enrôler des mercenaires, ne put empêcher les troupes allemandes d'envahir et de ravager sa principauté. Battu sous les murs de Besançon (août 1289), le comte de Bourgogne se hâta d'accepter le pardon que lui offrait Rodolphe, et reprit le chemin de la cour de France pour y cacher sa honte et s'étourdir sur ses chagrins.

Cette dernière équipée avait donné le coup de grâce à son crédit. Tout son domaine était passé, pièce à pièce, entre les mains des usuriers juifs et lombards; mais ces gages ne suffisaient plus : il lui fallait à tout prix, pour sa tranquillité, la caution du roi de France. Philippe le Bel allait exploiter enfin cette situation, l'un des chefs-d'œuvre de son astucieuse diplomatie. Par un premier traité, passé à Évrennes le 2 juin 1291, Othon et Mahaut d'Artois, sa femme, s'engagèrent à marier Jeanne, leur fille aînée, à celui des fils de France qu'il conviendrait au roi de désigner; la seigneurie de Salins devait former la dot de la jeune princesse, et l'expectative du comté de Bourgogne lui était assurée dans le cas où l'héritier de la couronne deviendrait son époux. Les quelques sommes que lâcha le roi de France, pour obtenir cet arrangement, ne serviront guère qu'à aiguiser l'appétit des créanciers du comte de Bourgogne. Pourchassé de plus en plus par cette bande d'escrocs, accablé par le mépris de l'aristocratie franc-comtoise, la conscience bourrelée de remords, le cœur gros de dépit, Othon finit par abandonner le gouvernail de sa propre existence, et par se mettre à la discrétion de Philippe le Bel. Un nouveau traité, qui lui fut dicté à Vincennes, le 2 mars 1295, confirmait la clause initiale du premier, et stipulait, en outre, l'abandon immédiat du comté de Bourgogne à Philippe le Bel, père et administrateur des biens du fiancé de la princesse Jeanne. Celle-ci venant à mourir avant la célébration de son mariage, le comté devenait province

française; il en devait être de même si les conjoints mouraient
sans postérité ou si cette postérité venait à s'éteindre; mais dans le
cas où Jeanne et son époux laisseraient des enfants, ceux-ci héri-
teraient du comté de Bourgogne. En retour de ces concessions,
Othon recevait une pension viagère de dix mille livres de petits
tournois, la somme de trente mille livres une fois payée, celle de
vingt-cinq mille livres à répartir entre ses créanciers du royaume
de France, enfin la rente de huit mille livres à toucher pendant
cinq années. Chacune des filles que l'ex-comte pourrait avoir pos-
térieurement au traité devait être dotée par la France de cinq
mille livres; et, s'il lui survenait un fils, Philippe le Bel devait en
avoir la garde jusqu'à la dix-septième année du jeune prince et
lui constituer une rente perpétuelle de trois mille livres et un revenu viager de deux mille. Un article spécial du traité remettait
Jeanne entre les mains du roi de France, qui devait lui faire par-
tager l'éducation de ses propres enfants, en attendant qu'elle par-
vînt à l'âge nubile.

A la nouvelle de ces machinations, la noblesse du comté frémit
de rage et courut aux armes. Elle foula aux pieds les lettres
d'Othon qui la sommaient de reconnaître pour chef le roi de
France, et sa réponse fut une adhésion à la ligue récemment formée contre Philippe le Bel, entre l'Empereur, le roi d'Angleterre
et le comte de Flandres. Il ne fallut pas moins de cinq années
d'une lutte, à la fois ouverte et souterraine, pour abattre cette for-
midable insurrection. Philippe le Bel la combattit surtout avec
son or, et, en 1301, il avait l'hommage et les cautions de tous les
seigneurs du pays.

II

Au cœur du comté de Bourgogne, et sur le premier gradin de la
chaîne des Juras, était assise une vieille cité que César avait pro-
clamée merveilleuse pour la conduite d'une guerre dans l'est de la
Gaule. Ancienne capitale des Séquanes, puis métropole d'une
grande province romaine, Besançon avait été ensuite accaparée
par ses archevêques, qui, à la faveur des calamités publiques,
étaient parvenus à isoler son territoire de la contrée environnante.

Là, comme dans tous les centres importants de population, les idées d'association communale avaient germé dès la seconde moitié du xiie siècle, et elles s'étaient traduites par des orages. Issues des classes inférieures, elles avaient fini par rallier, dans un intérêt de défense mutuelle, tout ce qui devait s'intituler plus tard le *tiers état.*

Durant le xiiie siècle, la commune de Besançon n'eut point de programme politique ; elle fut uniquement occupée de son organisation intérieure et de la conquête de ses franchises. Rebutée, anéantie même officiellement par les empereurs d'Allemagne, elle écouta complaisamment la voix de la France, qui lui promettait aide et appui. Philippe le Bel ne négligea rien pour entretenir ces dispositions. Par l'intermédiaire de l'un des frères d'Othon, Hugues de Bourgogne, il réussit à créer, au sein de la république bisontine, un véritable parti français. Sans cette précaution, la féodalité franc-comtoise eût disposé d'un boulevard militaire de premier ordre, et la perspective d'un long siége aurait considérablement dérangé les plans de Philippe le Bel. Le chef de ce parti français, celui que le roi de France chargeait, en 1297, d'acheter pour son compte et de gérer en son nom les fiefs du vicomté et de la mairie de Besançon, était en même temps l'un des oracles du conseil de la commune. Il s'appelait Odin Michel, et l'un de ses fils, notre Hugues de Besançon, était alors sur les bancs de l'Université de Paris.

Telles furent les circonstances qui aplanirent les débuts de Hugues de Besançon dans la voie des études et de la cléricature. Son cours d'instruction secondaire terminé, il opta pour la faculté de décret ou de droit canonique, celle dont les grades, coûtant peu de travail et beaucoup de finance, menaient le plus rapidement aux bénéfices ecclésiastiques. « La plupart des étudiants, dit M. Ch. Thurot, n'aspiraient qu'au grade de bachelier, tout au plus à celui de licencié..... Les docteurs formaient, sous le nom de *collegium,* une corporation dont l'accès n'était pas moins difficile que celui de la faculté de Bologne. Pour être admis au doctorat, il fallait justifier de 80 livres parisis de revenu..... Le récipiendaire donnait au président de ses actes de belles robes et de bonnes fourrures. Chaque docteur régent recevait deux bonnets, les non-régents, un seul..... Le nouveau docteur donnait un banquet aux docteurs, aux licenciés, aux bacheliers, à tous les bedeaux. Il devait inviter les prélats et les nobles qui se trouvaient à Paris, la cour du parlement, les autres juges et conseillers du roi. » Le poste de docteur régent était passablement lucratif dans la faculté de droit canon; et quand on y ajoutait quelques-uns de ces canonicats qui s'obtenaient par l'entremise de la cour de Rome et n'obligeaient pas à résidence, la position devenait alors magnifique. Reçu docteur en droit canon dans le courant de l'année 1302, Hugues de Besançon professait au Clos-Bruneau au moins depuis 1306. Il avait été pourvu, vers la même époque, d'un canonicat dans la cathédrale de Laon, grâce, sans doute, à l'influence du chanoine Étienne Chevri, son parent, et au bon souvenir laissé par Ymbert de Besançon, mort official de l'évêque de ce diocèse en 1274. Bientôt après, il entrait, presque en même temps, au chapitre métropolitain de Besançon, à celui de Sainte-Madeleine de la même ville et à celui de Notre-Dame de Paris. Cette dernière dignité était, plus particulièrement que les autres, la récompense des services rendus par son père à la cause de la France.

Hugues de Besançon n'avait pas attendu ces honneurs pour être admis à la cour de Philippe le Bel. L'habile monarque avait compris d'abord le parti qu'il pouvait tirer du jeune clerc pour inspirer aux enfants d'Othon le dévouement envers leur nouvelle patrie. Chargé spécialement de l'instruction de Jeanne, il sut tout à la fois gagner la confiance de l'héritière du comté de Bourgogne et devenir l'ami de son fiancé, Philippe, comte de Poitiers, le plus beau, le plus éclairé et le meilleur des fils du roi de France.

Philippe le Bel mourut en 1314, et, deux ans après, le 5 juin 1316, son successeur, Louis X, le rejoignit dans la tombe, ne laissant qu'une fille et sa femme enceinte de quatre mois. En attendant les couches de la reine Clémence, les barons de France déférèrent la régence du royaume au comte de Poitiers. L'administration de la haute justice n'était point alors sortie de la main des rois de France, et le parlement de Paris siégeait encore dans le palais même du souverain. Au mois de juillet 1316, le régent, voulant introduire dans ce corps des hommes instruits et dévoués à sa personne, disposa de l'un des siéges de la grande chambre en faveur de Hugues de Besançon. L'enfant de Clémence, le petit roi Jean, mourut à l'âge de six jours, le 21 novembre suivant, et le comte de Poitiers ceignit la couronne de France. Hugues de Besançon devint, dès lors, l'un des plus intimes conseillers de la nouvelle cour.

Hugues n'était pas le seul Franc-Comtois en crédit dans la maison de Philippe V. Ce prince, dont l'habileté n'excluait pas l'esprit de conciliation, s'appliquait à guérir les plaies ouvertes par la politique impitoyable de son père; il essaya de rapprocher le comté de Bourgogne de la France, en ouvrant aux habitants de notre province la carrière des fonctions publiques de son royaume. Ce fut ainsi qu'il autorisa la reine Jeanne à recruter presque tout son entourage parmi ses sujets d'outre-Saône. Adam de Granges, Jean de Poligny, Guillaume de Maisières et Ferry de Montboson furent créés ses écuyers; le Bisontin Jean Agace, son échanson; Jean de Mantoche, son aumônier; les cordeliers Jean Vieil et Guillaume de Vadans, ses confesseurs; Simon de Gray, chapelain de ses filles. Dans un rang plus élevé, et à titre de familiers et d'amis, on trouvait auprès de Jeanne l'éloquent dominicain Pierre de la Pallu, patriarche de Jérusalem; les savants légistes Hugues de Besançon et Guy Baudet, de Poligny, le futur évêque de Langres et chancelier de France sous Philippe de Valois; Simon de Gonsans, d'abord abbé de Baume-les-Moines et ensuite évêque d'Amiens; Thomas de Savoie, chanoine de Paris et cousin germain de la reine.

Les productions littéraires étaient en grande faveur dans cette illustre compagnie. On y encourageait particulièrement les translations d'œuvres latines en langue vulgaire, et il en parut plusieurs sous les auspices de la reine Jeanne: telle est l'origine de la première version française du roman de Gérard de Roussillon, de la traduction du livre de Mélibée et Prudence d'Albertan de Brescia par un dominicain du couvent de Poligny, frère Renaud de Louens, des Métamorphoses d'Ovide moralisées par l'évêque de Meaux, Philippe de Vitry.

III

« La nécessité où étaient les évêques et les chapitres de dé-
fendre leurs intérêts temporels ouvrait, dit M. Thurot, beaucoup
d'emplois aux canonistes. Ils étaient beaucoup plus recherchés
que les théologiens, parce qu'ils étaient plus utiles. » Doublement
utile au chapitre de Notre-Dame, et par ses connaissances spé-
ciales et par son immense crédit, Hugues de Besançon ne pouvait
manquer de tenir une place considérable dans cette assemblée.
Investi d'abord du titre d'archidiacre de Brie, ce fut dans sa maison canoniale qu'en 1318 Hugues de Bourgogne, non moins dis-
sipateur que le défunt comte son frère, fit abandon à la reine
Jeanne des châteaux de Port-sur-Saône et de Montrond. Deux ans
plus tard, Hugues de Besançon était appelé à la dignité de
chantre, la seconde du chapitre, et, le 19 janvier 1326, ses confrères le portaient au trône épiscopal. « Son élection, dit l'un des
cartulaires de Notre-Dame, fut faite par le canal du Saint-Esprit, »
c'est-à-dire qu'elle eut lieu par acclamation et sans la formalité du
scrutin.

« L'évêque de Paris, dit le savant Guérard, semble avoir sur-
passé en dignité les plus hauts barons de France; car ceux-ci
étaient soumis envers lui à une obligation qui nous paraît aujour-
d'hui fort humiliante, celle de le porter jusqu'à sa cathédrale le
jour de son inauguration. C'étaient non-seulement les sires de
Montmorency, les comtes de Saint-Pol, les comtes de Bretagne,
mais même le roi de France, qui recevaient ou devaient recevoir
humblement sur leurs épaules la litière du prélat. Dans la suite
des temps, à mesure que la splendeur épiscopale s'affaiblit, le roi
et les hauts barons négligèrent de plus en plus ce devoir féodal,
et se contentèrent d'envoyer des porteurs à leur place... L'évêque
avait le tiers de la ville de Paris; il en percevait tous les revenus
une semaine sur trois, et avait ses boîtes et ses gens à tous les
lieux de perception. Il avait à Paris toute justice, haute, moyenne
et basse, et toutes épaves dans les forfaitures et les mainmortes;
les cas de rapt et de meurtre étaient seuls réservés au roi. »

Armé d'une telle somme de prérogatives, l'évêque de Paris

pouvait devenir redoutable au roi de France lui-même : aussi le gouvernement pesait-il de toute son influence sur chaque élection épiscopale. Philippe V avait fait ses preuves en pareille matière. N'étant encore que comte de Poitiers, il était parvenu à emprisonner le sacré collège tout entier dans le couvent des dominicains de Lyon, et à lui imposer comme condition de sa délivrance l'élévation du candidat français sur la chaire de saint Pierre.

Procédant d'une même origine, le pape Jean XXII et l'évêque de Paris se trouvèrent intéressés à leur mutuelle défense. Cette association fut rendue évidente par la lutte que soutint, en 1330, Hugues de Besançon contre l'Université de Paris. Le tribunal de l'évêque avait incarcéré un jeune étudiant accusé du rapt d'une femme, et l'avait condamné à une amende de 400 livres. L'Université, blessée dans ses priviléges, délibéra de soutenir son suppôt, et, sur le refus que fit l'évêque de restituer l'amende, le prit personnellement à partie et l'expulsa de son sein comme parjure. Hugues de Besançon en appela au pape. Par deux bulles successives, Jean XXII releva l'évêque du serment qu'il avait autrefois prêté comme étudiant, mit à néant les poursuites de l'Université contre lui, et adjugea l'amende en litige aux pauvres écoliers de la Sorbonne et de la porte Saint-Victor.

L'administration de Hugues paraît avoir été intelligente et ferme ; elle dura six ans et demi et se termina par sa mort, arrivée le 29 juillet 1332.

IV

C'est le propre des esprits élevés de ne pas oublier leur origine, si modeste qu'elle soit, et d'éprouver de tendres sentiments à l'endroit de leur berceau. Ainsi fit Hugues de Besançon. Voulant laisser à sa famille le patrimoine qui lui venait de ses auteurs, il réalisa diverses acquisitions d'immeubles sur le territoire de sa ville natale, afin d'asseoir sur un fond solide les rentes qu'il destinait à nos églises. Trois d'entre elles lui étaient particulièrement chères : celle de Sainte-Madeleine, où il avait reçu le baptême et dont il était devenu l'un des dignitaires; celle de l'hôpital du Saint-Esprit, voisine de la maison de ses pères, et dans laquelle son cœur s'était épris de la morale évangélique; celle de Saint-Jean, métropole du diocèse, qui l'avait admis comme chanoine au début de sa carrière.

Il fonda plusieurs chapelles dans l'église de Sainte-Madeleine, ainsi qu'une messe mensuelle pour le repos de son âme.

Il légua des revenus à l'hôpital du Saint-Esprit, pour le soulagement des pauvres et la célébration perpétuelle de son anniversaire; mais auparavant, dans la dernière année de sa vie, il avait enrichi le trésor de cet établissement d'une grande croix d'argent doré du poids de vingt marcs. En reconnaissance de cette libéralité, les religieux avaient décidé qu'à chaque retour des processions solennelles ils réciteraient le psaume *De profundis* avec la *collecte* pour les défunts à l'intention du bienfaisant évêque.

Désirant perpétuer le souvenir de son égale affection pour les cathédrales de Besançon et de Paris, il avait voulu que leurs liturgies respectives se fissent de mutuels emprunts. Notre-Dame de Paris possédait, depuis les temps mérovingiens, de reliques de nos apôtres Ferréol et Ferjeux; mais elles n'y étaient l'objet d'aucun culte spécial : Hugues de Besançon obtint, au mois de juin 1320, moyennant le versement d'une somme de 600 livres, qu'on leur consacrerait l'une des trois chapelles qui se construisaient alors dans l'abside de la basilique. A la même époque il envoyait au chapitre métropolitain de Besançon l'office de la Couronne d'épines, tel qu'il existait dans le bréviaire de Paris, et lui offrait, tant pour en prescrire la célébration, que pour élever au rang des solennités de première classe la fête de sainte Madeleine et ajouter l'antienne *O Virgo virginum* à celles de l'avent de Noël, deux rentes, l'une de 12 et l'autre de 6 livres, dont les titres étaient entre les mains de son cousin germain, Jean Michel.

Les propositions de Hugues furent acceptées, et l'office de la Couronne d'épines introduit dans le bréviaire de l'église de Besançon; mais ce monument liturgique, composé sous les auspices de saint Louis, n'était qu'une longue série de louanges à l'adresse de la France : aussi la rivalité de François Ier et de Charles-Quint rendit-elle, chez nous, sa récitation impossible, et devint-il, dès lors, indispensable de lui substituer une nouvelle rédaction.

Les autres fondations de Hugues s'accomplirent exactement jusqu'à la Révolution française. Elles disparurent alors dans le grand naufrage des institutions religieuses; et la croix processionnelle du Saint-Esprit suivit de près, à la monnaie de Besançon, la châsse des martyrs Épiphane et Isidore, offerte à la cathédrale de cette ville par la reine Jeanne de Bourgogne.

V

Nous donnons enfin le texte de la lettre adressée, en juin 1320, par notre prélat à ses confrères les chanoines de Besançon. On y trouvera des détails curieux sur les distributions de vin et de nourriture qui étaient le complément indispensable de tout office capitulaire.

« Viris venerabilibus et discretis decano et capitulo ecclesie Bisuntine, Hugo de Bisuntio, cantor Parisiensis, eorum concanonicus, salutem et felicibus ad vota successibus prosperari.

« Dudum ex intimis gerens precordiis devotionis affectum ut, ad omnipotentis Dei glorioseque Marie Virginis ac beate Magdalenes nec non et ecclesie nostre Bisuntine decus pariter et decorem cultus divini et devotionis fidelium incrementum, juxta plurimarum laudabilem ecclesiarum morem, numerus illarum sollempnium antiphonarum que dicuntur et incipiunt per *O*, et per octo dies ante Natale Domini cotidie sollempniter cum *Magnificat* in jam dicta ecclesia decantantur, augmentaretur, una cum collatione in capitulo fieri consueta, de una antiphona que dicitur *O Virgo virginum* sollempniter decantanda anno quolibet in futurum, item et illius preclari spinei dyadematis Jesu Christi insignis sollempnitas, nec non et beate Marie Magdalenes gloriosa festivitas, suis temporibus annis singulis imperpetuum, quo ad integrum officium ecclesiasticum, tam in pulsatione campanarum quam luminari, indumentis caparum, processione et collatione potationis in capitulo omnibus de choro facienda, quam totum residuum divinum officium honorifice decantandum ita sollempniter imperpetuum, in utraque ecclesia Sancti Johannis videlicet et Sancti Stephani ita sollempniter fiant imperpetuum ac etiam celebrentur, sicut in majoribus festis duplicibus in eadem utraque ecclesia secundum

temporum exigentiam hactenus fieri consuevit; verum quia preces
meas vobis alias super hoc porrectas benigniter admissas perpendi,
vosque sollempnitates easdem jam laudabiliter incepisse, quia qui
altario servit de altario debet vivere, ut sollempnitates hujusmodi,
modis quibus supra, celebrentur attentius et ad easdem tam cano-
nici quam familiares libentiori animo conveniant in futurum, pro
omnibus et singulis distributionibus et expensis in quælibet sollempnitate predicta necessariis, tam pro pulsationibus campanarum ad horas singulas quam pro luminaribus, collationibus et
distributionibus et aliis consuetis si que sunt alia, decem et octo
libratas terre stephanensium annui et perpetui redditus compe-
tenter assignatas de bonis michi a Deo collatis duxi propter hoc,
si de vestra processerit voluntate, vobis et ecclesie Bisuntine im
perpetuum concedendas : videlicet duodecim libras supra domum
Jacobi de Fustes, sitam in macellis Bisuntinis juxta domum Gui-
donis Brulefoin, et alias sex libratas supra fructus patronatus ecclesie Sancti Petri Bisuntini, de quibus dilectus meus consangui-
neus Johannes Michaelis litteras acquisitionis habet, quas vobis
una cum litteris meis super dicta concessione faciendis vobis tradere promittet, si bonas litteras sub vestris sibi tradere volueritis
sigillis, in quibus confiteamini talem concessionem ex hac causa
vobis et ecclesie a me factam, nec non et litteras acquisitionis dicte
summe pecunie habuisse, promittatisque in eisdem, bona fide,
nomine vestro et ecclesie Bisuntine, pro vobis et vestris successo-
ribus, singulis annis imperpetuum, in utraque jam dicta ecclesia
Sancti Johannis et Sancti Stephani, dictam antiphonam *O Virgo
virginum* illa die qua jam incepistis, cum ea sollempnitate et collatione de nectare seu clareto et vino, ad sumptus capituli per
manum sexcalli vestri, qua aliis diebus quibus alie antiphone de
Deo cui dicitur vulgariter *O fieri* apud vos consueverunt, cantare
facere et implere, pro sex libratis terre super dictos fructus dicti
patronatus assignatis; item et promittatis ut supra, pro aliis duodecim libratis terre super dictam domum assignatis, dictas sollempnitates, videlicet beate Marie Magdalenes et festi Corone Domini, singulis annis imperpetuum, facere et celebrare in utraque
ecclesia predicta sollempniter et in dupplici festo de predicta

pulsatione campanarum, luminari, collationibus, distributionibus, processionibus, cum capis et aliis divinis officiis, sicut in aliis majoribus festis dupplicibus consuevistis, secundum ecclesie morem, de premissis sollempnius celebrare. Ceterum, quia dictarum terminus solutionis duodecim librarum festa sequitur antedicta, Johannes ipse, una cum eisdem duodecim libris stephanensium, pro eisdem proximis beate Marie Magdalenes et Corone Domini festivitatibus celebrandis, in sicca pecunia vobis tradet. Unde vestrum omnium et singulorum discretionem, fraternitatem et amicitiam michi caram attentius rogito, quatinus de summis predictorum reddituum, pro quibus supra et pro mea possibilitatis et affectus devotionis modulo vobis exhibitis, dignemini contentari et acceptare easdem, litterasque vestras, sub competenti forma, prout melius, salva rerum substantia, conficiantur, michi, super premissis que rogito, consedatis, et michi quid inde facturi eritis rescribatis. — Valete, sicut opto, in grata animarum et corporum sospitate. »

IMPRIMERIE IMPÉRIALE. — 1866.